AF244367

DES

DROITS DU MARI

SUR LES BIENS DOTAUX

ET DE

L'INALIÉNABILITÉ DU FONDS DOTAL

PAR

MARC GAUDIN

NANCY

1, IMPRIMERIE NANCÉIENNE, RUE DE LA PÉPINIÈRE, 1

1876

DES
DROITS DU MARI

SUR LES BIENS DOTAUX

ET DE

L'INALIÉNABILITÉ DU FONDS DOTAL

PAR

Marc GAUDIN

NANCY

I, IMPRIMERIE NANCÉIENNE, RUE DE LA PÉPINIÈRE, I

—

1876

DES DROITS DU MARI

SUR LES BIENS DOTAUX

ET DE

L'INALIÉNABILITÉ DU FONDS DOTAL

CHAPITRE I

DES DROITS DU MARI SUR LES BIENS DOTAUX

1. — En Droit romain, le mari était considéré comme le propriétaire de la dot : la loi le nomme *dominus dotis*. Dans les Institutes de Justinien, au titre *De quibus alienare licet vel non*, on peut remarquer une énumération de personnes qui, quoique propriétaires d'une chose, ne peuvent pas cependant l'aliéner, et parmi elles on trouve le mari présumé conséquemment propriétaire de la

dot. **En** possession des biens dotaux, le mari y trouve un juste titre d'usucapion appelé *pro dote*. Il est donc incontestablement démontré que le mari était bien propriétaire de la dot. Analysons d'une manière excessivement brève ce droit de propriété. Avant la loi Julia, le mari avait le droit d'aliéner les immeubles aussi bien que les meubles ; cette loi décida que l'immeuble dotal ne pourrait dorénavant être aliéné par le mari seul, sans le consentement de sa femme ; relativement aux meubles, le mari demeura, comme par le passé, dans la situation d'un véritable propriétaire. Que restait-il à la femme ? Elle n'avait pour ainsi dire d'autres droits que celui de refuser son consentement en cas d'aliénation proposée par le mari, que celui aussi de demander la séparation de biens dans le cas où le mari faisait de mauvaises affaires. Justinien ayant ainsi mis en relief le domaine naturel de la femme, lui donne une action réelle pour reprendre les immeubles à elle appartenant qui existent encore lors de la dissolution du mariage.

La jurisprudence du droit coutumier adopta les principes du droit de Justinien, mais en tira des conséquences plus complètes.

De nos jours les droits du mari se rapportent :

1° A l'usufruit des biens dotaux ;

2° A l'administration de ces mêmes biens avec les pouvoirs les plus étendus et la faculté d'aliéner les meubles dans une certaine mesure.

2. — Examinons successivement chacun de ces droits. Le mari a l'usufruit des biens dotaux ; ce point est établi par l'alinéa 2 de l'article 1549 qui s'énonce ainsi :

« Le mari a seul le droit..... d'en percevoir les » fruits et les intérêts et de recevoir le remboursement » des capitaux. »

La division qui s'opère conformément aux prescriptions de l'article 1571, a l'analogie la plus complète avec celle qui aurait lieu entre un usufruitier ordinaire et le nu propriétaire. L'article 1568 affirme encore d'une manière décisive l'analogie ou plutôt la similitude à peu près complète qui existe entre le mari usufruitier dotal et l'usufruitier ordinaire. Nous dirons donc qu'en principe il n'y a d'autres différences

Art. 1571. A la dissolution du mariage, les fruits des immeubles dotaux se partagent entre le mari et la femme ou leurs héritiers, à proportion du temps qu'il a duré dans la dernière année.

L. 5 et 6, p. 1 ; L. 7, p. 1 ff., *Soluto matrimonio dos quemadmodum petatur*.

Art. 1568. Si un usufruit a été constitué en dot, le mari ou ses héritiers ne sont obligés à la dissolution du mariage que de restituer le droit d'usufruit et non les droits échus durant le mariage.

entre ces deux usufruitiers que celles qui peuvent résulter de la situation spéciale et particulière du mari. Aussi, dans l'application des prescriptions générales de la loi, nous ne rencontrerons pas de difficultés, l'art. 1562 nous autorisant à appliquer les règles du Code civil relatives à l'usufruit.

3. — Avant donc d'entrer en possession de son usufruit dotal, le mari est tenu de dresser un inventaire des meubles et un état descriptif des immeubles. La loi ne reproduit pas dans la section qui fait l'objet de notre étude cette disposition écrite dans l'article 600, mais il est d'usage de dresser ces actes afin qu'ils puissent servir plus tard de base à une action en restitution. Néanmoins, à défaut d'avoir fait un inventaire, le mari ne pourra se voir refuser la mise en possession des biens dotaux composant son usufruit. L'hypothèse dans laquelle le mari pourrait bien n'avoir pas fait l'inventaire dont il s'agit, est, par exemple, celle où des successions sont échues à sa femme pendant le mariage. (Voir art. 1504.) A défaut d'inventaire dressé par le mari, quelle sera la responsabilité de ce dernier ? En tenant compte des usages et des convenances, il est, il faut l'avouer, assez difficile de faire faire au mari un inventaire avant la célébration du mariage ; s'il n'en fait pas un, immédiatement après, il supportera au cas échéant la peine de son incurie.

4. — Cela étant dit d'une manière générale, il s'agit maintenant de signaler les différences qui existent entre l'usufruitier ordinaire et le mari usufruitier des biens dotaux.

Nous allons voir que ces différences principales tiennent à la situation spéciale du mari.

5. — Elles sont au nombre de neuf.

1º L'usufruit dotal étant inhérent à la personne du mari et lui étant donné en une des charges du mariage, il s'ensuit qu'il ne peut en disposer, le céder ou le vendre comme l'usufruitier ordinaire. Le mari, en effet, ne peut céder sa qualité de mari. Ses créanciers pareillement ne peuvent ni saisir ni vendre son usufruit ; ils peuvent sans doute saisir les fruits des biens dotaux au moment de leur perception ou de leur échéance, mais autre chose est saisir l'usufruit. Certains jurisconsultes ont prétendu dans l'ancienne jurisprudence que les créanciers du mari pouvaient saisir la totalité des biens, mais de nos jours cette distinction paraît absolument spécieuse.

2º L'usufruitier ordinaire, conformément à l'article 601, est tenu de donner caution ; le mari n'y est pas tenu, à moins d'y être assujetti spécialement. Telle est la disposition de l'article 1550.

Art. 1550. « Le mari n'est pas tenu de fournir cau-

» tion pour la réception de la dot, s'il n'y a pas été
» assujetti par le contrat de mariage. »

Autrefois, à Rome, l'usage s'était introduit de donner des fidéjusseurs en vue de la restitution de la
dot ; on alla même jusqu'à exiger des cautions pour
la délivrance de la dot. Ces dispositions furent abolies
par une constitution des empereurs Gratien, Valen-
tinien et Théodose (C. L. V, t. 20. *Ne fidejussores*, etc.)
et une constitution de Justinien. (*Loc. cit. Const. 2.*)
L'empereur donne la raison de cette abolition : la
femme qui a eu assez de confiance dans son mari
pour se donner à lui, n'a pas besoin, dans cette occa-
sion, de fidéjusseurs qui pourraient troubler l'har-
monie du ménage et la paix de la famille.

Aujourd'hui, sous l'empire de notre Code, le mari
n'est pas tenu de donner caution pour la réception de
la dot, mais il n'y a rien d'illicite à exiger du mari
une caution en vue de la restitution de la dot.

3° Cette troisième différence a trait à l'acquisition
des fruits naturels et industriels et à la répartition de
ces fruits entre le mari et la femme dans certaines
circonstances. En ce qui concerne d'abord les fruits
civils, il n'y a aucune distinction à faire entre l'usufruitier ordinaire et le mari, puisque ces fruits s'acquièrent jour par jour. Quant aux fruits naturels et
industriels ayant l'affectation particulière d'être attri-

bués à supporter les charges du mariage, ils appar-
tiennent au mari pendant la durée du mariage. (Sent.
Paul. C. 22, p. 1. — Just. p. 9. *De rei uxoriæ*.) Les
fruits de la dernière année seront partagés à la dissolution du mariage, à proportion du temps qu'il aura
duré pendant la dernière année.

On voit donc par là que tous les fruits, tant naturels qu'industriels, sont assimilés aux fruits civils,
c'est-à-dire s'acquièrent jour par jour.

Comment va s'opérer maintenant la répartition dont
parle l'article 1571 ?

Mais avant de résoudre cette question, il faut examiner la façon dont les fruits correspondent aux
années. Il peut se faire que dans l'avant-dernière
année de la dissolution du mariage, le mari ait fait
deux récoltes, l'une tardive et l'autre prématurée.
Celle-ci devra être considérée comme correspondante
à la dernière année. L'équité l'exige ainsi ; la femme,
en effet, ne peut subir un préjudice par suite d'une
maturité exceptionnelle. Et la preuve est que si le
mariage dure l'année suivante, il est hors de doute
que la récolte prématurée ne corresponde à cette
année. Il importe de signaler l'erreur de Cujas sur
ce point. Voyons maintenant comment va se faire la
répartition de ces fruits.

Si le mariage n'a duré que six mois par exemple,

que chacun des époux n'ait pris qu'une moitié, tout est bien, et il n'y a lieu à aucune restitution. Mais il se peut que pendant une fraction de la dernière année le mari ait affermé les biens dotaux dont il a l'usufruit ou qu'il les ait fait exploiter par autrui.

Un texte de Papinien contient des hypothèses de ce genre et a donné lieu à de fameuses controverses qui divisent encore aujourd'hui les romanistes les plus distingués. Ce texte est à la Loi 24, titre 3 : *Soluto matrimonio*, etc. ; nous le reproduisons en note. Le paragraphe 2 ne donne pas lieu à de grandes difficultés, mais c'est le paragraphe 1 qui en contient de sérieuses.

Voici une hypothèse du jurisconsulte romain :

« Un mariage a lieu le 1er novembre après la récolte des vins. Au bout de quatre mois, le mari loue le vignoble, c'est-à-dire le 1er mars : le mariage ensuite est dissous le 1er avril. Pendant les quatre premiers mois, le mari a joui par lui-même, mais n'a perçu aucun fruit, puisque la récolte a été faite. »

Maintenant va-t-il recevoir le fermage du mois de mars ? Oui certainement, mais avec quatre autres mois de fermage, comme si le vignoble avait été loué précédemment. Comment la femme lui fera-t-elle raison ? De la façon la plus simple ; on supposera, comme nous l'avons dit, un fermage annuel de 12 mois et le mari aura droit à 5/12.

Voyons maintenant l'autre hypothèse beaucoup plus difficile.

Le mariage a eu lieu le 1er octobre ; il a reçu un vignoble parmi les biens dotaux. La vendange se fait, et après le 1er novembre le mari loue le vignoble. Le mariage est dissous le dernier jour de janvier, il a donc duré quatre mois. Combien de douzièmes du montant du fermage va recevoir le mari dans cette hypothèse ? Il n'y a eu réellement qu'un fermage de trois mois, et il n'est pas juste que le mari prenne la récolte et le 1/4 du fermage annuel. Que donner au mari ? Le texte dit : « *Fructus vindemiæ et quanta* « *portio mercedis instantis anni confundi debebunt, ut* « *pecuniæ...* etc. »

Certains jurisconsultes ont pensé qu'il fallait faire ici l'application la plus conforme au sens naturel des mots. Papinien, dit un de ces auteurs, réunit la récolte *fructus vindemiæ* et les 3 mois de fermage ; or le mariage ayant duré quatre mois, le mari retiendra le 1/3 de ces valeurs. Mais la vendange représente les fruits de 12 mois, le fermage ceux de 3 mois, en tout cela fait 15 ; qu'on en prenne le 1/3, c'est encore un calcul inexplicable. On comprend bien qu'on puisse accorder au mari 3 mois de fermage et 1/12 de la vendange, autrement dit les produits de quatre mois. Cette solution, tout équitable qu'elle soit, ne peut malheureusement pas s'accorder avec les termes employés par Papinien. Un auteur célèbre a donné une explication fort ingénieuse dans le but de concilier l'équité avec la solution à donner au texte du jurisconsulte. Ce dernier a voulu établir, dit–il, une proportion entre la valeur de la vendange et celle du fermage, une sorte de moyenne, et c'est précisément sur cette moyenne qu'on prend le 1/3 accordé au mari. Mais encore une fois, ce 1/3 c'est le tiers de ce que signifie le mot *pecunia* du texte, or *pecunia* comprend ici la vendange et le fermage. Chercher plus longtemps des solutions subtiles, ce serait perdre toutes les chances de trouver ce qu'a probablement voulu dire Papinien.

La pensée de Papinien, croyons-nous, est excessivement simple. Après avoir posé le principe, il dit qu'il ne faut pas se préoccuper du jour où la location commence, mais il faut imputer tout ce qui revient au mari sur le fermage seulement, puis il fait une application. Le mari aura le 1/3 du fermage, le mariage ayant duré 4 mois, ce sera les 4 12 qui reviendront au mari. Quant aux fruits de la récolte, ils appartiendront sans conteste au mari. Voilà certainement ce qu'a voulu dire le jurisconsulte.

Ce qui a arrêté les interprètes, il faut le dire ici, ce sont les mots *confundi debebunt*. Ils s'expliquent pourtant de la manière la plus naturelle du monde. Papinien pense qu'il ne faut pas distribuer séparément au mari, une part de la vendange, une part du fermage, il faut, pense-t-il, lui attribuer des revenus de même nature, *confundi debebunt*, et il est plus naturel d'accorder au mari des revenus sur le fermage que sur la vendange ; ce n'est plus en effet qu'un compte en argent monnayé, toujours plus facile à régler. Ajoutons une dernière observation : *pecunia*, dans les jurisconsultes romains, a un sens vulgaire et surtout après *merces*, il signifie le montant d'une somme d'argent.

D'où les règles suivantes :

Le mari n'a qu'une part, soit du fermage, soit de la récolte, et on ne tient pas compte, comme dans l'usufruit ordinaire, de la perception des fruits. S'il y a à la fois récolte et fermage, on impute ce qui doit faire retour au mari sur le fermage, de préférence à la récolte.

Ces règles reçoivent encore aujourd'hui dans notre droit leur application, notamment dans l'art. 1571.

4° La quatrième différence consiste dans une dérogation apportée à l'article 585 du Titre de l'Usufruit.

On lit en effet dans cet article qu'en ce qui concerne les labours et semences faits avant l'entrée en jouissance, il n'y a pas lieu à récompense : Dans la matière du régime dotal, la règle est différente, ils doivent en effet être remboursés à celui qui les a faits, quand les fruits sont recueillis par un autre que lui.

5° En vertu des termes de l'art. 590 au titre de l'usufruit, si l'usufruit comprend des bois taillis, l'usufruitier n'a droit à aucune récompense ou indemnité pour les coupes ordinaires, soit de taillis, soit de baliveaux, soit encore de futaie ; le mari au contraire, considéré comme usufruitier, a dans le cas de l'art. 590, droit à une récompense, parce que le législateur n'a pas voulu laisser à sa disposition un moyen de faire à sa femme des libéralités indirectes.

6° L'usufruitier n'aura le droit de jouir ni du sol ni des matériaux, quand son usufruit étant établi sur un bâtiment, ce bâtiment est détruit ou s'écroule de vétusté (art. 624). Le mari, lui, au contraire, a la jouissance que cet article refuse à l'usufruitier ordinaire.

7° L'usufruitier ordinaire peut renoncer à son droit, tandis que la renonciation est interdite au mari. La raison en est que la cause de la dot est perpétuelle, *causa dotis perpetua*, disaient nos anciens jurisconsultes.

8° Signalons encore une différence en ce qui concerne l'extinction de l'usufruit qui est produite par
30 ans de non jouissance.

9° L'art. 618 nous apprend que l'usufruitier ordinaire peut perdre son droit par abus de jouissance.
Le mari, qui ne peut renoncer à son droit, peut dans
certaines circonstances commettre un ou plusieurs
abus de jouissance dans le but avéré de mettre fin à
son usufruit quand la renonciation lui est défendue.
Dans ce cas, un seul parti à prendre se présente : On
emploiera tous les moyens possibles pour réprimer
les abus commis ; quant au moyen extrême, impossible de le mettre en action, car il entraîne comme
conséquence immédiate, une séparation de biens
partielle.

6. — Toutes ces distinctions dérivent comme on
le voit, du caractère spécial du mari. Nous ne parle-
rons pas de bien d'autres différences qui dérivent
de la distinction à faire entre le mari et l'adminis-
trateur ordinaire. Mais l'ordre naturel des choses
nous conduit à examiner le droit de quasi usufruit
possédé par le mari sur certaines choses dotales.

En principe, le quasi usufruitier devient un véritable
propriétaire. L'art. 587 le décide formellement. La
loi 42 au Digeste, *de jure dotium*, le disait aussi. Ce
qui est vrai, des choses qui se consomment par le

premier usage, l'est pareillement des choses fongibles, non pas par application de l'art. 587 mais par analogie. Il faut que le mari puisse en devenir propriétaire. Mais pour cela, les principes généraux qui régissent l'usufruit n'en doivent pas moins être appliqués lorsque l'usufruit porte sur des choses fongibles.

Ici s'offre une question très intéressante à étudier et qui se rencontre souvent dans la pratique : C'est celle de savoir, quand un fonds de commerce se trouve faire partie de la dot, si les objets qui le composent sont des choses fongibles dont le mari est conséquemment propriétaire. La chose, au cas actuel, sans se consommer par l'usage, n'a qu'une existence en quelque sorte précaire ; elle forme plutôt un être de raison qu'un corps certain. Outre que les marchandises qui sont une partie essentielle du fonds sont par elles-mêmes des choses fongibles, l'achalandage du fonds et toutes les autres valeurs accessoires se transforment journellement, en sorte que le fonds lui-même change aussi journellement de nature. Le mari devra donc conserver le fonds et devient débiteur de sa valeur estimative, de telle sorte qu'il sera responsable d'une dépréciation survenue par sa faute.

Si le quasi usufruit résulte d'une dation en paiement convenue entre les parties, ou d'une estimation portée dans le contrat de mariage, que faut-il décider à l'égard du mari ?

Soit un exemple : Au lieu de me compter une dot de 50,000 fr. en espèces on me donne pour 20,000 fr, d'objets mobiliers; serai-je propriétaire de ces meubles? En Droit romain, l'estimation de ces objets mobiliers valait vente, *æstimatio venditio est*. Également applicable aux meubles et aux immeubles, cette règle rendait le mari propriétaire. Pour écarter cette idée de vente, une déclaration expresse à cet égard était indispensable. Le Code a distingué très sagement les meubles et les immeubles d'après la voie tracée par l'ancienne jurisprudence. En cas d'estimation de meubles, l'art. 1551 nous donne la solution et l'art. 1552 en cas d'estimation d'immeubles.

7. — Étudions maintenant la quatrième et dernière catégorie des biens devenant la propriété du mari, catégorie dont s'occupe l'art. 1553, mais dont la loi au surplus eut pu ne pas parler car elle n'est qu'une conséquence de la première. C'est la catégorie des

Art. 1551. Si la dot ou partie de la dot consiste en objets mobiliers mis à prix par le contrat, sans déclaration que l'estimation n'en fait pas vente, le mari en devient propriétaire et n'est débiteu que du prix donné au mobilier.

L. 69. § 8. ff., *de jure dotium; —* L. 51. ff. *De sol. mat.*
L. 1. § 1. ff. *de estimatoria actione.*

immeubles qui vient remplacer dans la main du mari les sommes dotales qu'il a reçues ou devait recevoir. Cet immeuble représente une certaine somme d'argent que le mari en qualité d'usufruitier possédait en propriété ; il a pu les employer à l'usage qu'il a voulu. Si donc, avec cet argent il a acheté un immeuble, cet immeuble lui appartient nécessaire-ment et à lui seul.

C'est ce que décide l'art. 1553 : Cet immeuble, dit le législateur, n'est pas dotal, il appartient au mari et se confond dans son patrimoine avec ses autres biens. Il existe cependant un cas dans lequel cet immeuble dont l'art. 1553 fait mention, devient dotal ; c'est celui dans lequel il a été convenu par le contrat même du mariage, que la somme promise en dot serait employée à l'acquisition d'un immeuble lequel sera dotal. Au cas particulier il faudrait observer les règles relatives au remploi en matière de commu-nauté.

8. — Il nous est facile maintenant de résumer en quelques lignes la situation du mari à l'égard de ses droits sur les biens dotaux.

Il en a de deux espèces :

1° De jouissance.

2° D'administration.

Nous avons suffisamment indiqué en les distinguant

des droits de l'usufruitier, les droits de jouissance du mari.

Quant aux droits d'administration, ils consistent dans la faculté laissée au mari, de louer, mais sous les restrictions indiquées dans les art. 1429 et 1430 et dans l'exercice des actions tant personnelles que réelles, mobilières et immobilières, pétitoires et possessoires. La loi n'apporte pas ici comme quand il s'agit du régime de communauté, une restriction à l'égard des actions immobilières pétitoires.

Disons qu'à la différence de ce qui se passait en Droit romain, le mari n'exerce pas ces actions en son propre nom mais au nom de sa femme, en vertu d'un mandat qu'elle est censée lui avoir donné. Il sera responsable envers la femme des prescriptions accomplies contre elle, sauf, bien entendu, de celles qui se seraient accomplies quelques jours après le mariage, avant même qu'il eût le temps de prendre une connaissance exacte du patrimoine qu'il était appelé à gérer.

CHAPITRE II

DE L'INALIÉNABILITÉ DU FONDS DOTAL

Le fameux principe de l'inaliénabilité du fonds dotal est posé par l'art. 1554.

Au point de vue historique, cette règle revendique pour origines la loi Julia rendue sous Auguste et une disposition de Justinien aux Institutes, l. II, t. VIII.

En examinant le caractère rationnel de ces deux décisions, il est facile de s'apercevoir qu'elles ne sont que l'inspiration du vieil adage : *Interest reipublicæ mulieris dotes salvas habere propter quas nubere possint ;* et aussi de cette phrase de Justinien : *Sexus muliebris fragilitas in perniciem substantiæ earum facillime converti potest.* — Tandis que la loi d'Auguste autorisait l'aliénation du fonds dotal pourvu que la femme y consentit, la loi de Justinien et le

Code civil protègent la femme contre sa propre faiblesse, puisque son consentement même ne rendrait pas l'aliénation possible.

Remarquons que sous le régime de communauté les propres de la femme ne peuvent pas être aliénés sans son consentement, mais il faut avouer que ce consentement est souvent donné sous l'influence du mari et par suite d'illusions sur les résultats avantageux d'opérations dont l'aliénation du propre est le prélude. Voilà pourquoi on préfère souvent le régime dotal qui protége efficacement la femme et la met à l'abri de ces influences et calculs dangereux.

— Qu'est-ce que l'inaliénabilité du fonds dotal ?

Le principe de l'inaliénabilité doit être entendu en ce sens que la femme ne peut pas aliéner même avec l'autorisation de son mari ou de justice. Les termes employés par le législateur sont dignes d'être remarqués : La première partie de l'article dit que le mari ne peut aliéner l'immeuble dotal, est-ce bien là une conséquence de l'inaliénabilité ? Non, assurément. Dans ce cas, le mari ne peut aliéner par suite de la règle en vertu de laquelle on ne peut aliéner la chose d'autrui. Ce n'est donc que ces mots : « *ni par la femme, ni par les deux conjointement,* » qui montrent le véritable résultat produit par le principe de l'inaliénabilité. Encore faut-il observer en ce qui concerne la femme agissant seule, que ce n'est pas le seul principe de l'inaliénabilité qui est cause de la nullité, mais aussi l'atteinte portée à l'art. 225 du Code civil. L'effet propre de l'inaliénabilité est d'empêcher en principe que le fonds dotal puisse être aliéné par le mari et la femme réunis.

L'expression aliéner est ici la plus générale possible ; elle signifie l'interdiction de la vente, de l'échange, de la transaction et de la donation entre vifs.

Les principales conséquences de l'inaliénabilité du fonds dotal sont :

1º Que, durant le mariage, le fonds dotal ne peut être grevé d'hypothèques ou de servitudes ;

2º Que le fonds dotal ne peut être saisi même après la dissolution du mariage pour le paiement des dettes contractées durant le mariage par la femme même dûment autorisée.

3º Que, durant le mariage, la femme ne peut subroger soit le créancier du mari, soit son propre créancier à l'hypothèque légale existant à son profit sur les biens du mari dans le but d'assurer la restitution de sa dot immobilière.

Enfin, disons que pour mieux assurer la conservation des immeubles dotaux et à raison de leur inaliénabilité, la loi les déclare sous certaines restrictions, imprescriptibles pendant la durée du mariage (art. 1561).

Signalons immédiatement plusieurs exceptions :

La plupart des auteurs professent que la règle de l'inaliénabilité doit fléchir lorsqu'il s'agit de dettes résultant de délits et de quasi-délits commis par la femme ; en effet, disent-ils, s'il y a un intérêt d'ordre public à ce que les immeubles dotaux soient inaliénables, il y a aussi un intérêt d'ordre public à ce que la femme qui fait éprouver un dommage à autrui, soit tenue d'indemniser aux dépens du moins de la nue propriété de ses biens dotaux, celui auquel elle a fait tort, fût-ce même durant le mariage.

S'il n'en avait pas été ainsi, la femme, en adoptant le régime dotal, se serait mise ainsi dans la situation de nuire impunément à tout le monde. — Nous avouons, sous toutes réserves, que cet antagonisme de deux principes d'ordre public n'est guère satisfaisant au point de vue de l'équité sociale.

Pareillement, l'inaliénabilité ne fait pas obstacle à ce que les époux procèdent à l'amiable au partage d'une succession indivise entre la femme et des tiers et comprise pour sa part dans la constitution de dot, sauf à se conformer à l'alinéa 6 de l'art. 1558. MM. Duranton et Marcadé, tout en reconnaissant que le partage peut avoir lieu à l'amiable, se prononcent en sens contraire quand il s'agit d'une succession.

Enfin, la prohibition d'aliéner les immeubles dotaux échappe à l'expropriation pour cause d'utilité publique et n'empêche pas qu'un jugement qui a reconnu à un tiers la propriété d'un immeuble dotal, ou qui a mal-à-propos méconnu la dotalité d'un pareil immeuble, ne puisse acquérir pendant le mariage, l'autorité de la chose jugée. (Cours de Grenoble et Riom, 19 nov. 1831. — 4 fév. 1843. — Sirey, 32, 2, 557. — 43, 2, 186.)

De l'aliénabilité ou de l'inaliénabilité de la dot mobilière.

Cette question est des plus importantes au point de vue théorique et pratique, non-seulement par son ancienneté mais par les contestations qui s'élèvent tous les jours à ce propos devant les tribunaux.

Avant de la résoudre quel est l'intérêt de la question ?

— Si les meubles dotaux sont inaliénables la femme ne pourra être contrainte de livrer ceux qu'elle a vendus avec l'autorisation de son mari et la vente sera nulle.

— La femme emprunte avec l'autorisation de son

mari ; si les meubles dotaux sont inaliénables, les créanciers ne pourront les saisir.

— La femme s'est constitué en dot une créance contre un tiers ; elle l'a vendue avec l'autorisation de son mari. Si la dot mobilière est inaliénable, elle pourra la revendiquer contre l'acheteur à qui elle l'a vendue.

Maintenant, au point de vue de la discussion, il importe d'établir les différentes opinions qui se sont élevées sur la question.

La doctrine et la jurisprudence s'entendent tout d'abord sur un point : ils admettent unanimement que la dot mobilière est inaliénable par le mari (art. 1549).

La Cour suprême et les Cours d'appel considèrent la dot mobilière comme inaliénable, tandis que la doctrine tout entière résiste à l'argumentation de la jurisprudence.

Voici tout d'abord quels sont les arguments de la jurisprudence :

1er SYSTÈME. — *La dot mobilière est inaliénable.* — Ce système était jadis adopté par les Parlements des pays de Droit écrit ; or, il faut presque certainement supposer que les législateurs du Code ont entendu maintenir le régime dotal tel qu'il existait dans les pays où il formait le Droit commun.

— D'après l'Ancien Droit, la femme dotale trouvait d'ailleurs dans le sénatus-consulte Velléien une sauvegarde contre les engagements irréfléchis qu'elle eût pu être portée à prendre pour son mari ; or, aujourd'hui que le sénatus-consulte Velléien se trouve abrogé, si la dot mobilière était ensuite devenue absolument aliénable pour la femme, celle-ci, quand elle n'a qu'une dot mobilière, pourrait être ruinée par son mari.

—Les articles 1555, 1556, qui continuent à traiter de l'inaliénabilité du fonds dotal, parlent d'une manière générale des biens dotaux, ce qui prouve évidemment qu'un sens absolument exclusif n'est pas celui de l'art. 1554, qui semble au premier abord ne parler que des immeubles à l'égard de l'inaliénabilité.

— Pourquoi les femmes qui se marient sous le régime dotal, et qui ont une dot mobilière, ne seraient-elles pas protégées d'une façon aussi efficace que celles qui ont une dot immobilière? Ajoutons que de nos jours cette observation est d'autant plus juste, que dans notre état social l'importance de la fortune mobilière l'emporte de plus en plus sur celle de la fortune immobilière.

Telles sont les principales raisons sur lesquelles s'appuie l'argumentation de la jurisprudence contemporaine.

La plupart des auteurs adoptent le système suivant :

2e SYSTÈME. — *La dot mobilière est absolument aliénable*. — Le silence que gardent les travaux préparatoires du Code Napoléon sur la jurisprudence suivie en cette matière par les anciens Parlements, montre que les rédacteurs n'ont eu nullement envie de s'inspirer de cette jurisprudence.

— L'argument invoqué par le système contraire et qui a trait à l'abrogation du sénatus-consulte Velléien, n'a aucun rapport, il faut l'avouer, avec la question de savoir si la règle de l'inaliénabilité s'applique aux immeubles dotaux.

— La preuve qu'il ne faut nullement songer à tirer argument de l'ancienne jurisprudence, c'est qu'avant le Code la question de l'inaliénabilité des meubles dotaux était très sérieusement discutée ; qu'actuellement nos législateurs ont résolu cette question dans le sens de notre système en affirmant expressément que les immeubles ne sauraient être aliénés, et en ne disant rien de semblable à propos des meubles.

—La rubrique de la Section II est intitulée : *De l'inaliénabilité du fonds dotal*. Or, il faut bien remarquer que cette expression a été empruntée au Droit romain ; mais dans ce droit, par les mots *fundus do-*

talis, on n'a jamais désigné autre chose que l'immeuble dotal.

Au surplus, l'art. 1554, qui est l'article de principe, n'applique son décret d'inaliénabilité qu'aux immeubles dotaux; or, il est manifeste que les deux articles 1555 et 1556 n'entendent également parler, sous le nom de biens dotaux, que des immeubles dotaux.

—Dans le système de la Cour de Cassation, on arrive à une conséquence forcément inadmissible tant elle est ridicule. Comme nous le verrons plus tard, les immeubles dotaux peuvent être, sous l'autorisation de justice, aliénés soit pour tirer de prison le père de famille ou la femme, soit pour donner du pain aux enfants..... L'art. 1558, qui règle cette exception, ne parle que des immeubles dotaux. Il arriverait donc dans le système que nous combattons, que la dot mobilière resterait absolument inaliénable, si bien qu'alors même qu'il s'agirait de fournir des aliments à la famille, la vente des meubles dotaux serait impossible, et il faudrait mourir de faim, dit un jurisconsulte contemporain, pour conserver intact le dépôt sacré de la dot !

— Comment enfin admettre un système qui, toute question d'incapacité à part, refuse à la femme propriétaire un droit qu'il accorde au mari non propriétaire ?

Nous adhérons pour ce qui nous concerne à la solution du second système, parce qu'elle est écrite en toutes lettres dans la rubrique de la section II et dans l'art. 1554.

L'art. 1554 annonce des exceptions à la règle de l'inaliénabilité du fonds dotal (art. 1555-1556, 1558-1559 ; nous verrons même que cette règle peut être écartée par une clause expresse du contrat de mariage.

Cas dans lesquels le fonds dotal est par exception aliénable.

1. — L'aliénation peut avoir lieu avec l'autorisation du mari ou celle de la Justice quand la femme veut aliéner ses immeubles dotaux pour l'établissement des enfants qu'elle a eu d'un premier lit (1555). Ce n'est pas seulement d'un établissement par mariage que la loi parle ici mais d'un établissement quelconque, c'est-à-dire de tout ce qui peut lui donner une position dans le monde. Ainsi on devra certainement ranger parmi les frais d'établissement la somme à payer pour le service militaire d'un an ou pour l'achat d'un office ministériel.

La faculté qu'a la femme dans ce cas d'aliéner,

emporte-t-elle le droit d'hypothèquer les immeubles dont il est question?

En Droit romain l'impossibilité d'hypothéquer est bien antérieure à l'impossibilité d'aliéner. La raison en est que quand il s'agit d'une aliénation, la femme sait parfaitement ce dont elle se dépouille, tandis que pour l'hypothèque, la femme pourrait souvent ne la consentir que dans la conviction d'un remboursement qui se trouverait ensuite impossible et arriverait ainsi à une aliénation qui n'était pas dans sa volonté ; d'ailleurs, par l'hypothèque, cette aliénation pourra bien ne pas être faite au moment opportun, elle ressemblera merveilleusement, dit M. Marcadé, à une expropriation forcée, outre encore que les frais absorberont la plus grande partie d'un prix désastreux. Ces motifs sont aussi puissants de nos jours qu'à l'époque d'Auguste, et il ne faudrait pas dire que la permission d'aliéner emporte celle d'hypothéquer. La question est donc controversée. Nous n'hésitons pas à la résoudre en faveur du droit d'hypothèque en nous appuyant sur l'art. 7 du Code de commerce qui prouve péremptoirement que notre opinion est bien conforme à la pensée du législateur. Ce texte nous apprend en effet que la femme dotale reste soumise aux règles de la dotalité alors même qu'elle serait marchande publique et que ses biens dotaux ne peuvent être ni aliénés ni hypothéqués que dans les cas déterminés par le Code civil. Il y a donc dans le Code civil des cas où les immeubles dotaux peuvent être hypothéqués : or, ces cas ne peuvent exister que dans les quatre articles dont nous avons parlé.

2. — L'aliénation peut avoir lieu avec l'autorisation seule du mari lorsque du moins celui-ci est présent et capable quand la femme veut aliéner ses immeubles dotaux pour l'établissement d'enfants communs. Si le mari est absent ou incapable, l'autorisation sera donnée par la Justice.

Faisons une remarque commune aux deux premiers cas que nous venons d'énumérer, c'est que dans ces hypothèses le mot donner employé par les articles qui les rapportent est synonyme d'aliéner.

3. — L'aliénation de l'immeuble dotal peut avoir lieu avec l'autorisation de la Justice, mais ne peut avoir lieu qu'avec cette autorisation.

1° Pour tirer de prison le mari ou la femme (art. 1558, al. 2).

2° Pour acquitter la dette d'éducation envers les enfants et pour fournir des aliments aux personnes auxquelles la femme peut en devoir en vertu des art. 203, 205, 206 et 212 (art. 1558, al. 3).

3° Pour payer les dettes de la femme ou celles des

personnes qui ont constitué la dot, lorsque dans ces deux cas d'ailleurs, les dettes ont acquis date certaine antérieurement au contrat de mariage (art. 1558, al. 4).

4° Pour faire de grosses réparations indispensables à la conservation de l'immeuble dotal et par analogie, disent les auteurs, pour payer tous frais et salaires dus aux avocats et aux officiers ministériels ayant plaidé ou occupé pour la femme dans des instances en séparation de biens (art. 1558, al. 5).

5° Pour liciter l'immeuble dotal (art. 1558, al. 6).

6° Pour échanger l'immeuble dotal (art. 1559).

Parmi ces différents cas trois seulement exigent quelques développements, à savoir le 3e, le 5e et le 6e.

Le 4e alinéa de l'art. 1558 qui permet d'aliéner les biens dotaux pour payer les dettes de la femme ou celles des personnes qui ont constitué la dot, quand dans ces deux cas, d'ailleurs, les dettes ont acquis date certaine antérieurement au mariage.

Ce cas, il faut l'avouer, est obscur.

Il est certain qu'il ne se rapporte ni aux créanciers de la femme, ni aux créanciers des constituants, car conformément au droit commun, ils ont conservé malgré la constitution de dot, le droit de saisir les immeubles de leur débiteur, ou bien toujours conformément aux règles ordinaires, ils n'ont pas con-

serve ce droit ; dans le premier cas, pour exercer leur
droit ils n'ont certainement besoin d'aucune autorisation des tribunaux et dans le second cas, non moins
évidemment, les tribunaux ne sauraient leur donner
un droit qu'ils n'ont pas. — La règle est fort simple,
elle s'occupe purement et simplement d'offrir aux
époux, comme dans les quatre autres cas, une faculté
dont ils pourront user sauf la permission du tribunal,
soit que les créanciers ayant conservé le droit de saisie, les époux désirent les payer pour se mettre à
l'abri de leurs poursuites, soit même que les créanciers n'ayant pas conservé le droit de saisie, les époux
sentent néanmoins le devoir de les payer.

Passons au 5e, c'est-à-dire au cas où il s'agit de
liciter l'immeuble dotal (1558, al. 6). La plupart des
auteurs disent qu'il faut pour s'en mieux rendre
compte, supposer que les époux demandent à con-
courir ou à procéder à la licitation volontaire (art.
997, C. de pr. civ.), d'un immeuble dotal indivis avec
des tiers ou même entre les époux et impartageable
ou non susceptible d'être commodément partagé. S'il
s'agissait, en effet, d'un immeuble qui pût être commodément partagé, le partage pourrait se faire sans
avoir besoin d'aucune permission de justice. Quand,
en effet, l'immeuble indivis se partage, il n'y a pas
réellement aliénation à cause de la rétroactivité fic-

tive attribuée à un partage dont l'effet déclaratif répute la femme propriétaire *ab initio* de la portion divise qui lui échoit.

Le 6ᵉ est le cas où il s'agit d'échanger l'immeuble dotal. Ici la loi, en considération du peu d'inconvénient que présente l'aliénation (puisqu'elle n'est que la substitution directe et immédiate d'un nouvel immeuble à l'ancien) ne demande pas la nécessité de l'aliénation ; elle se contente de l'utilité et pour donner un exemple, un immeuble dotal situé à une très grande distance du domicile des époux, peut être échangé contre un autre placé à une distance plus rapprochée.

L'échange de l'immeuble dotal ne peut avoir lieu qu'à trois conditions spéciales ; il faut :

1º Que l'échange soit proposé par le mari, d'ailleurs avec le concours de la femme ;

2º Que la valeur de l'immeuble offert en échange soit des quatre cinquièmes au moins de l'immeuble dotal ;

3º Que l'utilité de l'échange soit justifiée.

— L'existence de ces deux dernières conditions doit être vérifiée par des experts que le tribunal nomme d'office (1559, al. 1). Au reste l'immeuble reçu en contre échange devient de plein droit dotal soit pour le tout, soit jusqu'à concurrence de la valeur de l'immeuble donné en échange (art. 1559, al. 2).

Ici il faut résumer certaines règles spéciales aux différents cas d'aliénation et énumérées dans les articles que nous venons d'exposer. Ainsi, en ce qui concerne les cas où l'aliénation ne peut avoir lieu qu'avec l'autorisation de la justice :

L'aliénation, à part le cas d'échange, doit à peine de nullité être faite aux enchères, après publications et affiches (article 1558, al. 1, C. civ. et 997, C. pr. civ.).

L'aliénation doit être consentie par la femme, car c'est elle qui est propriétaire.

Nous venons de passer en revue tous les cas dans lesquels l'immeuble dotal, quoique frappé d'inaliénabilité, peut, par exception, être aliéné ; il nous reste à examiner maintenant le cas où la femme modifiant par son contrat de mariage les règles légales de la dotalité, fait disparaître pour ses immeubles dotaux le principe même de l'inaliénabilité. Cette suppression, comme nous allons le voir, a un caractère essentiellement relatif, c'est-à-dire qu'elle peut être plus ou moins complète ; ainsi la femme pourra stipuler que ses immeubles seront aliénés de quelque façon que ce soit ou seulement qu'ils seront simplement vendus ; qu'on pourra les vendre librement et sans aucune condition, ou dire qu'on ne le pourra que sous la condition d'en remployer le prix de telle manière déterminée; qu'ils pourront enfin être aliénés ou hypothéqués ou encore aliénés seulement. C'est une question profondément controversée aujourd'hui de savoir si la faculté d'hypothéquer se trouvera comprise implicitement et virtuellement dans celle d'aliéner. La Cour de cassation a jugé et la plupart des auteurs enseignent que toute clause portant dérogation au principe de l'inaliénabilité doit être entendue dans un sens restrictif. De là, par exemple, cette doctrine généralement admise, à savoir que la simple déclaration qu'un immeuble dotal peut être aliéné n'emporte pas d'ordinaire la faculté d'hypothéquer. Les motifs de cette décision sont parfaitement fondés. En effet, telle femme qui s'est sentie peut être assez forte pour résister à l'influence de son mari dans le cas où ce dernier lui demandera sans raisons suffisantes d'aliéner l'immeuble dotal, peut ne pas s'être sentie assez forte pour lui refuser de l'hypothéquer ; d'ailleurs les femmes n'ont pas, en général, les connaissances juridiques nécessaires pour se rendre compte des dangers de l'hypothèque.

En ce qui concerne le remploi quand il doit avoir lieu, à moins d'indications contraires dans le contrat de mariage, il sera fait en immeubles ou en valeurs susceptibles d'être immobilisées. Le remploi sera effectué régulièrement de la manière précise que le contrat indique. Ainsi quand le contrat permet l'aliénation au mari seul qui se trouvera par là établi mandataire de la femme, le mari pourra vendre seul, mais si l'aliénation n'est permise qu'aux deux époux conjointement, il faudra que le mari et la femme concourent à cet acte.

Doit-on ranger les rentes sur l'État parmi les valeurs susceptibles d'être immobilisées ? L'affirmative est consacrée par l'art. 46 de la loi du 2 juillet 1862, en ce qui concerne les rentes 3 %, mais aux termes de l'art. 2 du Code civil, cette solution ne peut concerner évidemment que les contrats rédigés depuis la promulgation de la loi du 2 juillet 1862. Le remploi, enfin, doit être fait utilement et doit comprendre, bien entendu, la totalité de ce qu'a payé l'acheteur. Ainsi les sommes livrées à titre de pot-de-vin, d'épingles, etc., doivent être employées aussi bien que le prix principal de la vente puisque le tout est la représentation de l'immeuble vendu. Quant aux frais et loyaux coûts de l'achat fait en remplacement du bien de la femme, il est évident qu'ils sont à la charge de la dot.

De la nullité résultant de l'aliénation indue de l'immeuble dotal.

Dans le Droit romain, la nature de la nullité résultant de l'aliénation des immeubles dotaux, n'est pas déterminée par des règles aussi précises que par celles du Droit coutumier. La loi romaine écrite au Digeste dit en effet : « *Venditio non valet,* » puis le législateur ajoute plus loin que la vente peut être confirmée dans la suite ; il n'y a donc pas de nullité absolue. La question de savoir si la nullité peut être demandée par le mari, *marito ipso*, pendant la durée du mariage, est celle qui aujourd'hui divise le plus les Romanistes. Le mari qui avait aliéné ne pouvait s'adresser avec profit à l'acquéreur qui opposait à sa demande l'*exceptio rei tradita et venditæ*; ajoutons néanmoins, qu'à notre avis, il pouvait parfaitement répliquer par la loi *Julia* tout en restant dans les limites de l'équité et de la légalité. Notons cependant que la conséquence sera quelquefois illusoire, car à la dissolution du mariage le mari peut devenir propriétaire de la dot, *damnus dotis*. La jurisprudence des Parlements a consacré dans cette matière, le principe d'une nullité essentiellement relative. De nos jours la nullité nous paraît avoir conservé le caractère relatif que n'a pu lui enlever le législateur qui du reste, en agissant de la sorte, a évité des conséquences radicales qui auraient été de nature à porter un très grand préjudice non-seulement à l'intérêt privé mais encore à l'intérêt général.

L'incapacité d'aliéner de la femme ou du mari son mandataire, provient de la destination même de la dot, elle a des effets spéciaux et on ne peut traiter cette aliénation comme on traiterait celle de la chose d'autrui ou d'une chose hors du commun.

L'art. 1560 concerne la sanction de la règle de l'inaliénabilité du fonds dotal. Aux termes de cet article, les personnes qui ont le droit de faire révoquer l'aliénation du fonds dotal opérée en dehors des cas prévus par les art. 1555 à 1559 sont :

1º Le mari (al. 2).

2º La femme ou ses héritiers (al. 1).

Tant que le régime dotal dure, c'est-à-dire pendant le mariage ou jusqu'à la séparation de biens, c'est le mari seul qui a le droit d'exercer l'action, car c'est au mari seul qu'appartient l'exercice des actions dotales (art. 1560, al. 2. — Comparer art. 1549).

Quand le régime dotal a pris fin, c'est-à-dire après la dissolution du mariage ou même après la séparation de biens l'action passe à la femme ou à ses héritiers (art. 1560, al. 1).

Pour le mari, l'action s'ouvrira donc du jour de l'aliénation.

Pour la femme, du jour de la dissolution du mariage ou de la séparation de biens.

Cependant M. Touillier enseigne que même durant le mariage et avant la séparation de biens, la femme dûment autorisée a le droit d'intenter l'action en nullité. Cette solution nous semble parfaitement admissible. Mais les auteurs ne s'entendent pas sur le point de savoir si dans le cas de séparation de biens, la prescription de l'action de la femme court à partir de la séparation elle-même ou seulement à partir de la dissolution du mariage. Le premier alinéa de l'art. 1560 indique implicitement que la prescription ne court qu'à partir de la dissolution du mariage.

Ceci posé, 3 cas sont à distinguer.

Celui où l'aliénation provient du mari seul.

Celui où l'aliénation provient de la femme seule.

Celui enfin où l'aliénation provient du mari et de la femme conjointement.

1ᵉʳ CAS. — *L'aliénation émane du mari seul.*

Il est de prime abord évident que dans cette hypothèse l'aliénation n'est pas valable, parce que le mari n'est pas propriétaire et ensuite parce que l'immeuble est dotal, et comme tel inaliénable. Cette aliénation est-elle nulle ou simplement annulable? Observons que la première rédaction de l'art. 1560 portait que l'aliénation de l'immeuble dotal était radicalement nulle ; le Tribunal fit alors des observations en vertu desquelles la rédaction primitive de l'article fut modifiée et les mots « radicalement nulle » furent remplacés par ceux-ci « la femme ou ses héritiers pourront faire révoquer l'aliénation. » Comme l'article ne distingue pas les cas où l'aliénation procède du mari seul, ou de la femme et du mari conjointement, on peut soutenir jusqu'à un certain point que l'aliénation consentie par le mari seul est simplement annulable.

Nous avons dit tout à l'heure que deux raisons militaient en faveur de la révocabilité de l'aliénation faite par le mari agissant seul. Les auteurs ne sont point d'accord sur le point de savoir si c'est la première ou la seconde raison qui doit faire prononcer la nullité de la vente. Or, les conséquences diffèrent suivant la solution admise dans chacun de ces deux cas.

Si la vente est nulle par suite du défaut de propriété du mari, il y a lieu, au profit de la femme, à une action en revendication ; de plus l'acquéreur a lui-même le droit d'invoquer la nullité de la vente car le mari lui a vendu la chose d'autrui (art. 1559). Ce système, soutenu par MM. Tessier et Odier, semble avoir pour lui la logique, mais assurément il a contre lui le texte de la loi, qui, prévoyant les cas où l'aliénation procédant du mari seul, n'attribue l'action dans ce cas comme dans les deux autres, qu'au mari et à la femme ou à ses héritiers. Quant au raisonnement par lequel on assimile ce cas à celui de la vente de la chose d'autrui, il est loin d'être exact. On ne saurait en effet comparer le mari au vendeur de la chose d'autrui ; il est, après tout, mandataire de la femme, il est son représentant, il est considéré par le législateur comme un mari qui a outrepassé ses pouvoirs. Nulle autre idée apparemment n'a pu exister dans les intentions des rédacteurs du Code civil. Ce qui le prouve bien c'est que dans l'art. 1560 il n'est tenu de dommages intérêts que dans un seul cas, tandis qu'il en est toujours tenu dans l'art. 1559.

Si la vente n'est nulle que par suite de l'inaliénabilité de l'immeuble dotal, il n'y a lieu au profit de la femme qu'à une action en annulation qui peut être détruite par la prescription libératoire de dix ans consacrée par l'art. 1304 ; de plus l'acquéreur n'a pas le droit d'invoquer la nullité de la vente. Ce sytème est soutenu par MM. Zacharie, Aubry et Rau, Marcadé, etc.

Nous dirons donc, en ce qui concerne la femme, qu'elle a le droit de faire révoquer la vente ou si elle le préfère de demander au mari une indemnité égale à la valeur des immeubles aliénés. En ce qui concerne l'acquéreur, le second alinéa de l'art. 1560 l'autorise à recourir en garantie contre le mari par cela seul que ce dernier n'a pas déclaré dans le contrat que le bien vendu était dotal et sans que. par conséquent ; il y ait lieu d'examiner si en fait, l'acquéreur ne connaissait pas la qualité de ce bien.

Quant au point de départ de la prescription de l'action en nullité, il est facile à déterminer. C'est la dissolution du mariage.

2e CAS. — *L'aliénation émane de la femme seule.*

Il y a ici deux causes de nullité : La femme est incapable de consentir par elle-même à une aliénation ; de plus l'immeuble dotal est par nature inaliénable.

Remarquons tout d'abord que comme ces deux causes prises séparément n'engendreraient chacune qu'une action en annulation, elles ne donnent lieu, réunies, qu'à une action de cette sorte. De plus, il s'agit évidemment au cas actuel d'une action en nullité ; car dans l'espèce l'aliénation émane du véritable propriétaire, mais du propriétaire incapable. L'acquéreur ne peut donc pas en demander la nullité lors même que l'acte de vente ne fait pas mention de la dotalité de l'immeuble ; il est en faute de n'avoir pas connu l'incapacité de la femme avec qui il a contracté.

La femme après la dissolution du mariage ou la séparation de biens, et le mari tant que dure le mariage peuvent exercer cette action. Ni le mari ni la femme dans tous les cas ne sauraient être appelés en garantie.

3e Cas. — L'aliénation émane de la femme autorisée par son mari.

Ici encore l'aliénation émane du véritable propriétaire. Sa nullité a pour cause l'incapacité de l'aliénateur ; car l'inaliénabilité a pour effet de rendre l'incapacité de la femme plus complète que dans les autres régimes, en ce sens qu'elle n'en peut être relevée ni par l'autorisation de son mari, ni par celle de la justice si ce n'est dans les cas prévus par la loi.

Toutes les décisions applicables au deuxième cas seront donc applicables ici. Le mari n'est pas garant envers l'acheteur ; en effet il a joué non pas le rôle de vendeur, mais seulement le rôle d'autorisant. Or, celui qui autorise un incapable à contracter ne contracte personnellement aucune obligation, puisqu'il ne promet rien. (*Qui auctor est non se obligat.*)

La femme n'est pas non plus tenue de l'obligation de garantie, parce que dit-on spécialement ici, si la femme était tenue à la garantie envers l'acquéreur, elle pourrait se trouver indirectement privée du droit de faire révoquer l'aliénation. Mais si la femme a spécialement garanti avec l'autorisation du mari, cette promesse est-elle valable? Certains auteurs, notamment MM. Zacharie, Aubry et Rau, admettent l'affirmative, solution confirmée au reste par plusieurs arrêts de la jurisprudence. C'est abroger par un détour la règle de l'inaliénabilité du fonds dotal.

De l'imprescriptibilité des immeubles dotaux.

C'est l'art. 1561 qui en parle. En principe, les immeubles dotaux non déclarés aliénables par le contrat de mariage, sont imprescriptibles pendant le mariage à moins que la prescription n'ait commencé auparavant.

Cette même règle de l'imprescriptibilité cesse de s'appliquer à partir de la séparation de biens (1561, al. 2). La première rédaction de l'art. 1561 portait :

Le fonds dotal est imprescriptible pendant le mariage.
Dans ce système, tous les immeubles dotaux même
ceux stipulés aliénables dans le contrat de mariage,
étaient imprescriptibles. Cette théorie fut néanmoins
rejetée sur l'observation du Tribunat qui demanda
qu'on fit cadrer l'imprescriptibilité avec l'inaliénabilité du fonds dotal. De là, la rédaction actuelle de
l'art. 1561. Mais nous venons tout à l'heure d'indiquer deux manques de corrélation entre la règle de
l'imprescriptibilité et celle de l'inaliénabilité, qu'il
s'agit d'expliquer.

On explique la première exception en disant que
la prescription est moins dangereuse pour les intérêts
de la femme que l'aliénation, car la prescription ne
s'accomplit que par un laps de temps plus ou moins
long, tandis que l'aliénation peut avoir lieu en un
instant.

On explique la seconde exception en disant que
du jour où la femme a repris par la séparation de
biens l'exercice des actions dotales, c'est à elle d'empêcher par sa diligence que ses biens ne soient pres-
crits.

Au surplus, si on rapproche de l'art. 1561, al. 2,
l'art. 1560, al. 1, il est facile de voir que la seconde
exception à la règle de l'imprescriptibilité ne concerne
que la prescription acquisitive, quant à la prescrip ·

tion libératoire, elle ne commence à courir que de la dissolution du mariage.

Notons que d'après les principes du droit commun la prescription acquisitive, même après la séparation de biens, sera suspendue :

1° Toutes les fois que la femme ne pourrait agir qu'en dénonçant au mari un acte qu'elle aurait fait sans autorisation (art. 1304), par exemple, si elle a aliéné l'immeuble dotal. La femme ayant fait à l'insu de son mari, en se cachant de lui, un acte contraire à sa puissance maritale, n'oserait pas exercer son action en nullité, même après la séparation de biens, dans la crainte d'éveiller son attention et de porter à sa connaissance un fait qu'elle a tant d'intérêt à cacher. La loi, la considérant comme étant dans une impuissance morale d'agir, suspend la prescription à son profit ;

2° Toutes les fois que l'action de la femme serait de nature à réfléchir contre le mari (art. 2256, al. 2°), par exemple, si le mari a aliéné seul l'immeuble dotal.

Faisons application de ces principes.

Si le mari a aliéné l'immeuble dotal, l'acheteur ne peut prescrire à compter de la séparation de biens, car si la femme exerçait contre lui son action en revendication, l'acheteur évincé se retournerait contre le mari pour lui demander des dommages intérêts. Ici donc la prescription ne courra qu'à partir de la dissolution du mariage, parce qu'autrement l'exercice de l'action en revendication réfléchirait contre le mari (art. 2256, al. 2).

Si la femme, non autorisée par son mari, a vendu l'immeuble dotal, l'acheteur ne pourra prescrire, parce que la femme est réputée par le législateur, se trouver dans l'état d'impuissance morale que nous venons de signaler. Dans quels cas s'appliquera donc le 2e alinéa de l'art. 1561 ? Quand la prescription commencera-t-elle à courir à compter de la séparation de biens ? — Dans tous les autres cas que les deux que nous venons d'indiquer, par exemple quand le mari a donné l'immeuble dotal ou l'a vendu en stipulant de bonne foi qu'il vendait aux risques et périls de l'acheteur. Le jour de la séparation de biens, l'acheteur pourra prescrire, mais la femme aussi, dès cet instant, pourra exercer son action sans craindre de nuire à son mari.

— Le mari est tenu, dit l'art. 1562, à l'égard des biens dotaux de toutes les obligations de l'usufruitier. Il est responsable de toutes prescriptions acquises et détériorations survenues par le fait de sa négligence.

On a déjà vu dans le commencement de notre thèse

que le mari dotal quoiqu'on puisse fort bien l'appeler usufruitier des biens dotaux, n'est cependant pas sur le même pied qu'un usufruitier ordinaire ; il a des droits et aussi des obligations plus étendus que ce dernier. Nous avons déjà étudié cette situation et il serait superflu de revenir sur ce sujet. Chargé d'intenter toutes les actions, le mari serait responsable de toutes les prescriptions qu'il laisserait accomplir, soit pour les meubles, soit pour ceux des immeubles dont la prescription commencée avant le mariage avait encore assez de temps à courir après la célébration pour qu'il fût facile de l'interrompre.

Nous terminons ici notre étude sur cette partie importante du régime dotal que nous avons examinée, en indiquant les effets de la séparation de biens sous le régime dotal.

Si la dot est mise en péril, dit l'art. 1563, la femme peut poursuivre la séparation de biens, ainsi qu'il est dit aux art. 1443 et suivants.

Cet article consacre, comme on le voit, pour la femme dotale le droit de demander la séparation de biens.

La femme dotale séparée, reprend :

1° La libre administration de ses biens dotaux ;

2° La jouissance de ces mêmes biens.

En outre, les immeubles dotaux, tout en restant

inaliénables, sont susceptibles d'être atteints par la prescription acquisitive.

Ajoutons que la femme peut toujours renoncer à la séparation de biens pour en revenir au régime dotal.

Nancy, imprimerie Nancéienne, rue de la Pépinière, 1. Direct. Gébhart.

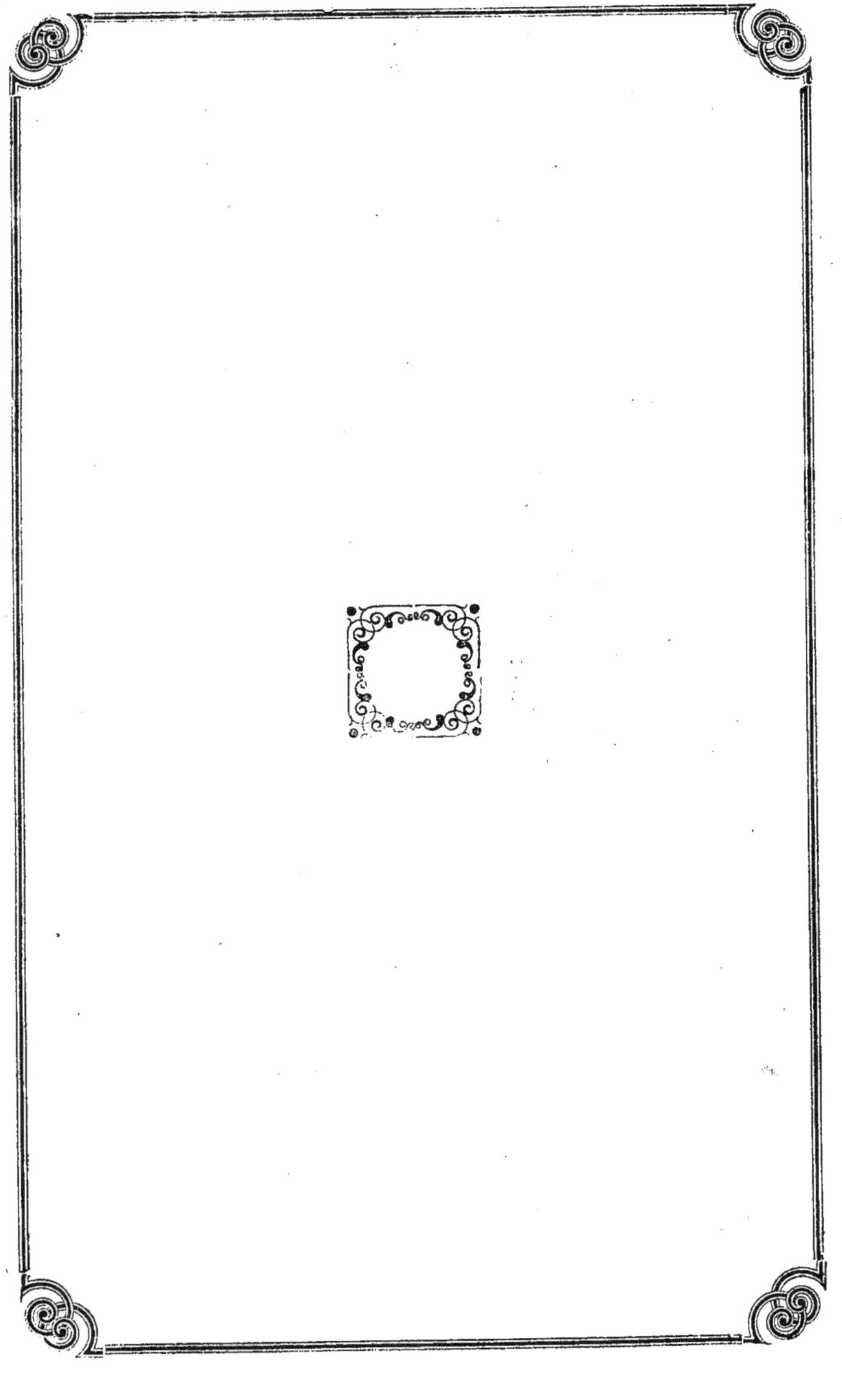